지식과 상식의 즐거운 폭발!
Fun Book

글 FUN's 그림 심창국

맞춤법 왕이 되는 법

받아쓰기, 일기 쓰기, 독서록 쓰기……. 반복해서 써야 하는 과제도 힘든데, 맞춤법에 맞게 쓰는지 띄어쓰기는 제대로 하고 있는지 확인하기도 어렵지요. 어떻게 하면 맞춤법도 딱! 띄어쓰기도 딱! 맞춰서 글을 쓸 수 있을까요?

첫째 독서를 통해 다양한 예를 많이 접해요

맞춤법과 띄어쓰기에는 일정한 규칙이 존재합니다. 비슷한 규칙을 가진 낱말을 찾아보고, 그 규칙을 이해하면 더 빠르게 맞춤법 왕이 될 수 있어요. 이 책 각 페이지 아래쪽 설명을 읽어 보고, 다양한 예문을 많이 접하다 보면 달달 외우지 않아도 저절로 알게 될 거예요.

나도 배울래!

글자와 발음이 다른 경우를 주의해요

한글은 소리 나는 대로, 표준어 발음대로 적는 것이 원칙이지만, 상황에 따라 글자와 발음이 다른 경우가 종종 생겨요. 헷갈리는 낱말은 한 번 더 글자와 발음을 생각해 보세요. 생각이 나지 않는다면, 이 책에서 찾아봐요.

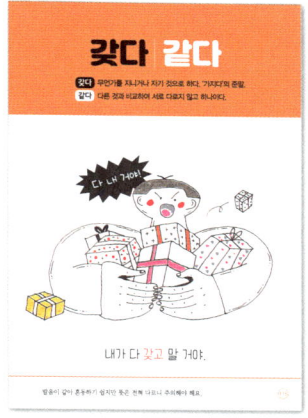

셋째 문장을 바르게 읽고 또박또박 쓰는 습관을 길러요

눈으로만 보는 것은 안 돼요! 틀리기 쉬운 낱말을 소리 내어 읽으면서 써 보세요. 어떤 부분을 띄어 써야 하는지, 쓰는 법과 읽는 법이 달라 소리 나는 대로 쓰면 안 되는 부분, 받침이 까다로운 부분을 파악할 수 있답니다.

이 책에서는 다양한 예를 통해 맞춤법과 띄어쓰기의 여러 규칙을 쉽게 이해할 수 있도록 구성했어요. 재미있는 그림이 더 쉽게 기억할 수 있도록 도와줄 거예요. 교과서에서 자주 쓰이는 맞춤법과 띄어쓰기를 익히고, 글쓰기에 잘 활용할 수 있으면 좋겠죠.

✚ 국어 생활에 대한 궁금증은 국립국어원 홈페이지 (www.korean.go.kr), 가나다 전화 (1599-9979)에서 확인해 보세요.

차례

맞춤법 왕이 되는 법 ········· 4

01 틀리기 쉬운 맞춤법 100 ········· 8
　꼼꼼 확인 퀴즈 ········· 110

02 헷갈리기 쉬운 맞춤법 50 ········· 112
　꼼꼼 확인 퀴즈 ········· 164

03 꼭 알아야 할 띄어쓰기 50 ········· 166
　꼼꼼 확인 퀴즈 ········· 218

퀴즈 정답 ········· 220

가려고 ⊙ 갈려고 ⊗

가다 : 한곳에서 다른 곳으로 장소를 옮기다.

더 추운 곳으로 여행 가려고 해.

가만히 ⭕ 가만이 ❌

가만히 : 움직임이 드러나지 않을 만큼 조용하고 은은하게.

멍멍아! 여기 가만히 있어.

꼼꼼히(○) 꼼꼼이(×) | 열심히(○) 열심이(×) | 조용히(○) 조용이(×)

감쪽같다 ⊙ 깜쪽같다 ✕

감쪽같다 : 꾸미거나 고친 것을 알아챌 수 없을 정도로 티가 나지 않다.

엄마가 눈치채기 전에 감쪽같이 붙여야 돼.

'감쪽같다'는 맛있는 '곶감 한 쪽'을 누가 달라고 할까 봐 흔적도 없이 먹어 치우는 데서 생겨났다는 이야기가 있어요.

강낭콩 ⭕ 강남콩 ❌

강낭콩 : 밥이나 떡에 넣어 먹는, 콩과의 한해살이풀.

내 이름은 강낭콩!

같다 : 불확실한 추측을 나타낸다.

고마워요.

우산 가져가요.

오늘 저녁에 비가 올 것 같아.

똑같아(○) 똑같애(×)

거꾸로 ⭕ 꺼꾸로 ❌

거꾸로 : 차례나 방향, 또는 형편 따위가 반대로 되게.

나도 거꾸로 설 수 있어.

거리낌(○) 꺼리낌(×) | 생머리(○) 쌩머리(×) | 세다(○) 쎄다(×)

거야⭕ 꺼야❌

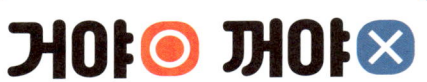

거 : '것'을 일상적으로 이르는 말.

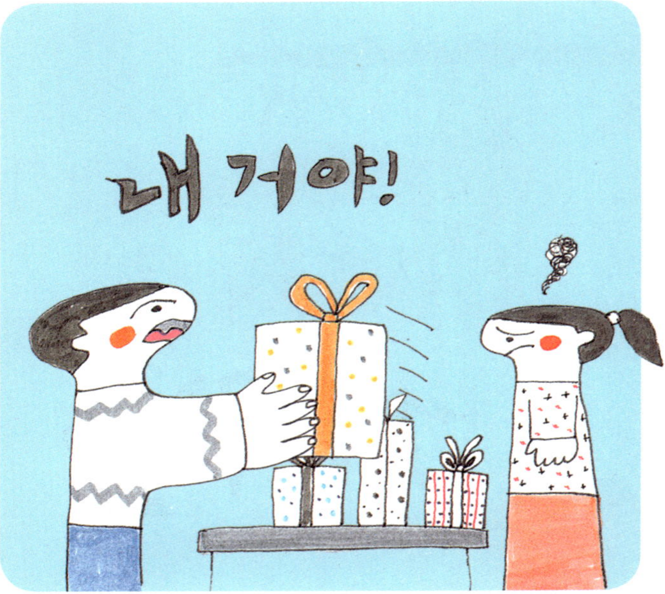

건들지 마. 이거 다 내 거야!

세게 발음하는 습관 때문에 잘못 표기하는 경우가 있으니 주의해야 해요.

거의 ⭕ 거이 ❌

거의 : 어느 한도에 매우 가까운 정도로.

이럴 수가, 거의 이길 뻔했는데…….

'거의' 대신 '거진'이라는 단어를 사용하는 경우도 있지만 '거진'은 표준어가 아니라 경상도 사투리예요.

게시판 ⊙ 계시판 ✕

게시판 : 여러 사람에게 알릴 내용을 두루 볼 수 있게 붙이는 판.

게시판에 붙은 공지 사항을 확인하세요.

휴게실(○) 휴계실(×)

곰곰이 ⊙ 곰곰히 ✕

곰곰이 : 여러모로 깊이 생각하는 모양.

뭐가 더 좋은지 곰곰이 생각해 봐.

깨끗이(○) 깨끗히(×)

곱빼기 ⭕ 곱배기 ❌

곱빼기 : 두 그릇 몫의 음식을 한 그릇에 담은 분량.

저도 짜장면 곱빼기로 주세요.

굳이⭕ 구지❌

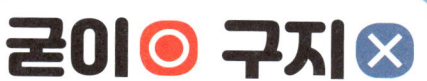

굳이 : 고집을 부려 구태여.

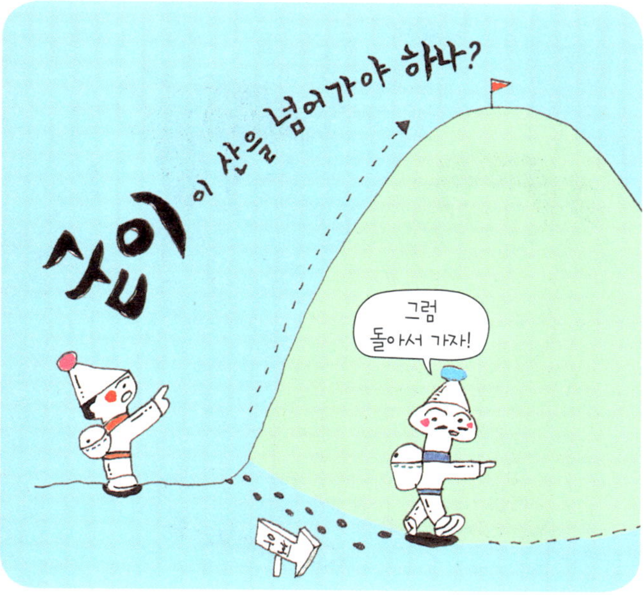

굳이 넘어갈 필요는 없어.

그러고 나서 ⊙ 그리고 나서 ✕

그러고 나서 : 앞말이 뜻하는 행동을 하고 나서.

그러고 나서 무도회 가도 돼요?

그러고는(○) 그리고는(✕)

금세⭕ 금새❌

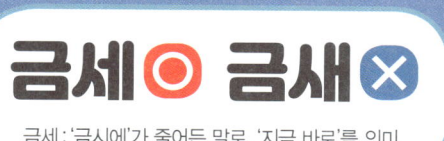

금세 : '금시에'가 줄어든 말로, '지금 바로'를 의미.

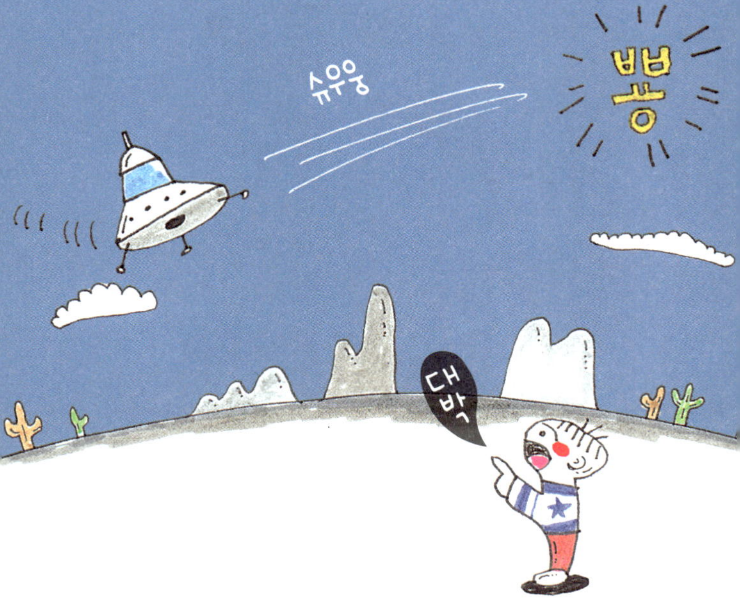

눈앞에서 금세 사라졌어!

기다란 ⭕ 길다란 ❌

기다랗다 : 매우 길거나 생각보다 길다.

기다란 기차가 힘차게 달려가요.

까닭 ⭕ 까닥 ❌

까닭 : 일이 생기게 된 원인이나 조건.

나만 보면 짖는 까닭이 뭐야?

깍두기 ⊙ 깍둑이 ✕

깍두기: 무를 작고 네모나게 썰어서 양념에 버무려 만든 김치.

여기 깍두기 많이 주세요.

깎다 ⭕ 깍다 ❌

깎다 : 칼 따위로 물건의 거죽이나 표면을 얇게 벗겨 내다.

사과도 깎고, 풀도 깎고, 물건값도 깎아요.

풀이나 머리털 등을 잘라 낼 때, 값을 낮추어 줄일 때도 써요.

깡충깡충 ⊙ 깡총깡총 ✕

깡충깡충 : 다리를 모으고 힘 있게 솟구쳐 뛰는 모양.

나도 토끼처럼 깡충깡충 뛰어다닐래.

'깡충깡충'보다 센말은 '껑충껑충'이에요.

꼬드기다 ⭕ 꼬득이다 ❌

꼬드기다 : 어떤 일을 하도록 상대의 마음을 꾀어 부추기다.

먹는 걸로 꼬드기지 말아 줄래?

꽂다⭕ 꼿다❌

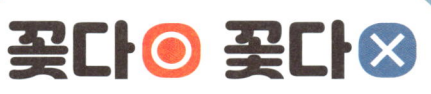

꽂다 : 어딘가에 박아 세우거나 끼우다.

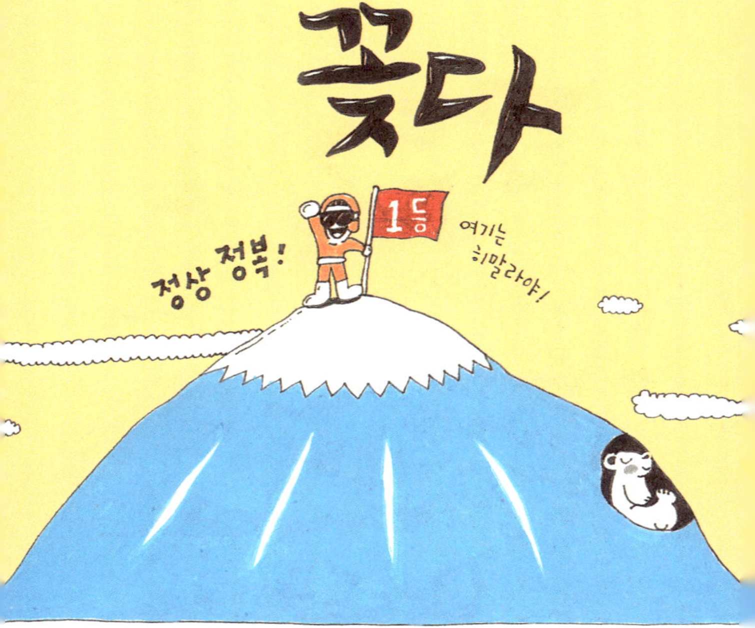

드디어 히말라야 정상에 깃발을 꽂았다.

끼어들다 ⭕ 끼여들다 ❌

끼어들다 : 자기 순서나 자리가 아닌 틈 사이를 비집고 들어서다.

위험하게 끼어들면 어떡해?

날아가다 ⭕ 날라가다 ❌

날아가다 : 공중으로 날면서 가는 모양이나, 아주 빠르게 움직이는 모습.

나도 슈퍼맨처럼 날아가고 싶다.

하늘을 '날다'나 물건을 '나르다'라는 표현은 맞지만, '날르다'라는 표현은 틀려요.

납작하다 ⭕ 납짝하다 ❌

납작하다 : 판판하고 얇으면서 좀 넓다.

납작 엎드리다.
납작한 상자
납작한 뒤통수
납작하다

삼촌은 뒤통수가 납작해!

내로라하는 ⭕ 내노라하는 ❌

내로라하다 : 어떤 분야를 대표할 만하다.

그는 세계적으로 내로라하는 성악가이다.

넓적하다 ⭕ 넙적하다 ❌

넓적하다 : 편편하고 얇으면서 꽤 넓다.

내 짝꿍 얼굴은 <u>넓적해</u>.

넓적다리(○) 넙적다리(×) | 넓이(○) 넙이(×)

네가 ⭕ 니가 ❌

네 : '너'에 조사 '가'가 붙을 때의 형태예요.

네가 그 유명한 백두산 호랑이냐?

흔히 '너가' 혹은 '니가'라고 잘못 사용하는데 '네가'가 맞는 표기예요.

눈살 ⭕ 눈쌀 ❌

눈살 : 두 눈썹 사이에 잡히는 주름 또는 곱지 않게 쏘아보는 시선.

자꾸 눈살 찌푸리게 할 거야?

된소리로 발음되지만 바른 표기법은 '눈살'이에요.

다행히 ⦿ 다행이 ✕

다행히 : 뜻밖에 일이 잘되어 운이 좋게.

후유, 다행히 목숨은 건졌어!

닦다 ⭕ 닥다 ❌

닦다 : 더러운 것을 없애거나 윤기를 내기 위해 문지르다.

창문을 깨끗이 닦자.

대가 ⭕ 댓가 ❌

대가: 일을 한 것에 대한 보수 또는 노력을 통해 얻는 결과.

쿠폰을 모은 대가로 선물을 받았어요.

초점(O) 촛점(×) | 이점(O) 잇점(×) | 개수(O) 갯수(×)

더욱이 ⊙ 더우기 ❌

더욱이 : 그러한 데다가 더.

집은 멀고 눈도 오는데 더욱이 배까지 고프네!

덥석: 왈칵 달려들어 물거나 움켜잡는 모양.

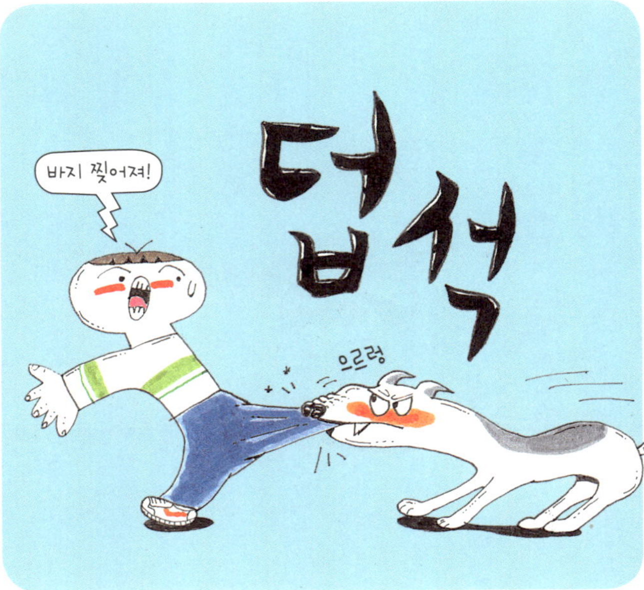

개가 내 바지를 덥석 물었어.

덩굴 ⭕ 덩쿨 ✕

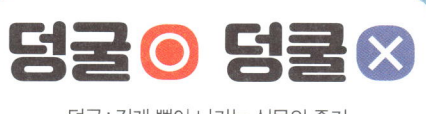

덩굴 : 길게 뻗어 나가는 식물의 줄기.

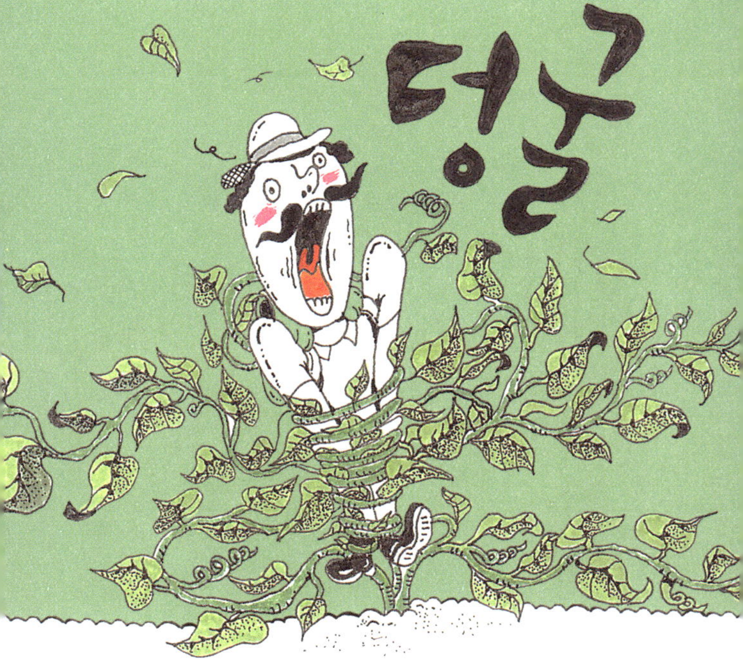

으악, 덩굴에 감겼어.

'덩굴' 대신 '넝쿨'을 써도 돼요.

돈가스 ⭕ 돈까스 ❌

돈가스 : 돼지고기를 빵가루에 묻혀 기름에 튀긴 요리.

여기가 돈가스 맛집인가요?

돌멩이 ⊙ 돌맹이 ✕

돌멩이 : 돌덩이보다 작은 돌을 가리킴.

올망졸망 우리는 돌멩이 가족.

떼쓰다 ⭕ 때쓰다 ❌

떼쓰다 : 무언가를 억지로 요구하거나 고집하다.

그렇게 떼써도 소용없어.

멋쩍다 ⊙ 머쩍다 ✗

멋쩍다 : 행동이나 모양이 격에 어울리지 않아 어색하고 쑥스럽다.

멋쩍게 화해를 했다.

며칠 ⭕ 몇 일 ❌

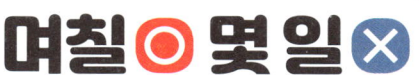

며칠 : 그달의 몇째 되는 날.

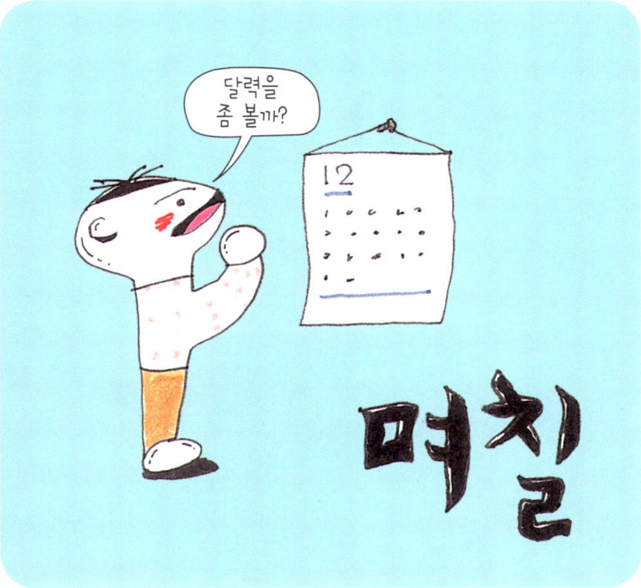

오늘이 며칠이지?

'몇 날'을 뜻하는 단어는 '며칠'이라고 써요. '몇 일'로 쓰는 경우는 없으니, 어떤 경우에든 '며칠'로 써야 해요.

모자라다 ⭕ 모자르다 ❌

모자라다 : 기준이 되는 양이나 정도에 미치지 못하다.

돈이 모자라서 못 먹잖아.

무릅쓰다 ⭕ 무릎쓰다 ❌

무릅쓰다 : 힘들고 어려운 일을 참고 견디다.

죽음을 무릅쓰고 적진에 들어가겠어!

미끄러지다 ⭕ 미끌어지다 ❌

미끄러지다 : 한쪽으로 밀리어 나가거나 넘어지다.

바나나 껍질에 미끄러지다니!

방귀 ⊙ 방구 ✕

방귀 : 음식물이 배 속에서 발효되어 항문으로 나오는 구린내 나는 기체.

내 방귀 맛 좀 봐라!

'방구'라는 말은 일부 지역에서 쓰는 사투리예요.

벚꽃 ⊙ 벗꽃 ✕

벚꽃 : 장미과에 속하는 벚나무의 꽃.

봄이 왔으니 벚꽃놀이 가자.

베개 ⊙ 베게 ❌

베개: 잠을 자거나 누울 때 머리를 받쳐 안정시키는 물건.

베개에 잠 오는 마법의 가루를 뿌렸나?

쿨쿨

코올~콜

콜콜

베개를 베자마자 잠이 들어요.

찌개(○) 찌게(×) | 덮개(○) 덮게(×)

베끼다 ◉ 배끼다 ✕

베끼다 : 글이나 그림을 원본 그대로 옮겨 쓰거나 그리다.

똑같이 베끼지 마세요.

베다⭕ 비다❌

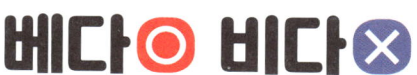

베다 : 날이 있는 물건으로 상처를 내다.

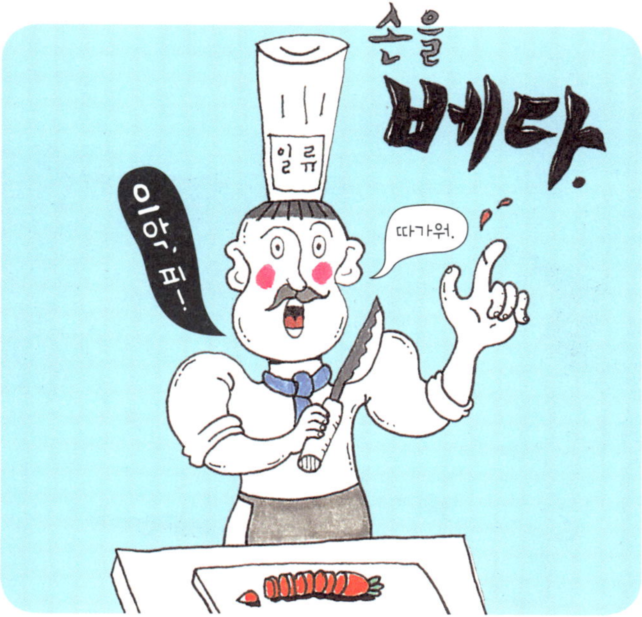

실수로 손을 베어 피가 났어.

'베다'는 누울 때 베개나 무릎 따위를 머리 아래에 받친다는 뜻도 있어요.

봬요 ⦿ 뵈요 ⓧ

뵈다 : 웃어른을 대하여 보다.

내일 보자!

그럼 내일 봬요.

'뵈다'에는 보조사 '-요'가 바로 붙을 수 없어요. 어미 '-어'가 붙어 '뵈어요'로 말해야 하므로 그 준말 '봬요'가 맞아요.

부리나케 ⭕ 불이나케 ❌

부리나케 : 서둘러서 아주 급하게.

부리나케 달려가야 해.

부스스하다 ⭕ 부시시하다 ❌

부스스하다 : 머리카락이나 털이 어지럽게 흐트러져 있다.

자다 일어났더니 머리가 부스스하네.

부엌 ⭕ 부억 ❌

부엌 : 음식을 만들고 설거지를 하는 등 식사에 관련된 일을 하는 곳.

무슨 요리를 만들어 볼까?

오늘 메뉴는 뭐예요?

엄마가 부엌에서 식사를 준비해요.

들녘(○) 들녁(×) | 동녘(○) 동녁(×) | 새벽녘(○) 새벽녁(×)

비로소 ⭕ 비로서 ❌

비로소: 한 시점을 기준으로 어떤 사건이 이루어지거나 변화하기 시작함.

비로소 안도의 한숨을 쉬었다.

빨간색 ⭕ 빨강색 ❌

빨간색 : 잘 익은 고추와 같이 밝고 짙은 붉은색.

투우사가 빨간색 천을 휘둘러요.

파란색(○) 파랑색(×)

사귀다 ⊙ 사기다 ✕

사귀다 : 서로 얼굴을 익히고 친하게 지내다.

새 학기가 되면 친구를 사귀느라 바빠요.

살코기 ⭕ 살고기 ❌

살코기 : 기름기나 힘줄, 뼈 등을 발라낸 순살로만 된 고기.

살코기로 한 근 주세요.

머리카락(○) 머리가락(×) | 암캉아지(○) 암강아지(×)

설거지 ⊙ 설겆이 ❌

설거지 : 음식을 먹고 난 뒤 그릇을 씻어 정리하는 일.

우리 아빠는 설거지를 잘해요.

설레다 ⭕ 설레이다 ❌

설레다 : 마음이 들떠서 자꾸만 움직이고 두근거리다.

그 아이를 보면 가슴이 설레요.

'설레다'의 명사형은 '설렘'이에요. '설레임'은 비표준어이므로 주의하세요.

세차다 ⊙ 새차다 ✕

세차다 : 기운이나 태도가 힘 있고 억세다.

바람이 세차게 불어 다 날아가겠네!

'세차다'는 사람의 성미가 사납거나 드세고 억척스러울 때도 사용하는 말이에요.

센티미터 ⭕ 센치미터 ❌

센티미터 : 길이의 단위로, 10밀리미터는 1센티미터이고 기호는 ㎝로 씀.

10센티미터 간격으로 잘라요.

소꿉놀이 ⊙ 소곱놀이 ✕

소꿉놀이 : 여러 가지 그릇 등을 가지고 살림살이 흉내를 내는 놀이.

친구랑 **소꿉놀이**할 때가 제일 좋아요.

 '소꿉'은 아이들이 살림살이 흉내 낼 때 쓰는 장난감을 말해요. 그래서 '소꿉장난', '소꿉친구'라는 말이 생겨났어요.

소시지 ⭕ 소세지 ❌

소시지 : 으깨어 양념한 고기를 돼지 창자 등에 채워 만든 가공식품.

소시지가 한 개, 두 개, 세 개⋯⋯ 네 개!

수군거리다 ⭕ 수근거리다 ❌

수군거리다 : 남이 알아듣지 못하도록 낮은 목소리로 가만가만 이야기하다.

셋이서 속닥속닥 수군거리지 마!

비슷한 말로, 남이 알아듣지 못하도록 작은 목소리로 가만가만 이야기하는 '소곤거리다'가 있어요.

수놈 ⭕ 숫놈 ❌

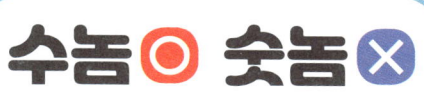

수놈 : 짐승의 수컷을 가리키는 말.

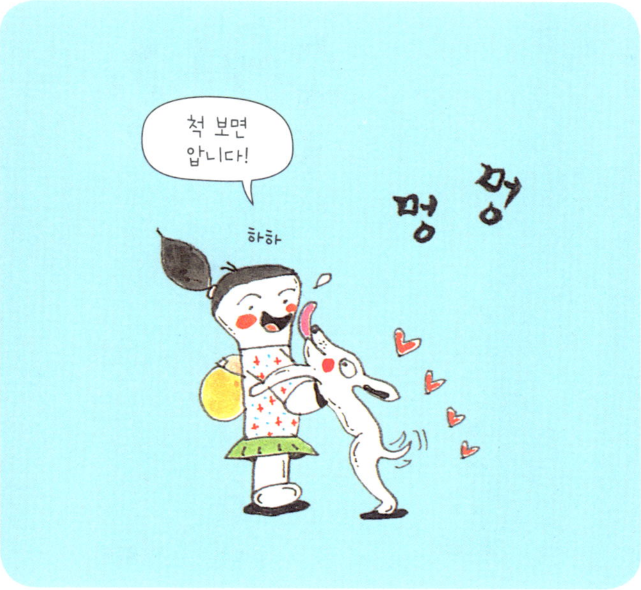

이 강아지는 수놈이네요.

수소(○) 숫소(×) | 수꿩(○) 숫꿩(×) | 수사슴(○) 숫사슴(×) | 수컷을 이르는 접두사는 '수–'로 통일하지만, 예외적으로 '숫양, 숫염소, 숫쥐'는 '숫–'으로 표기해요.

숟가락 ⭕ 숫가락 ❌

숟가락 : 밥이나 국물 따위를 떠먹는 기구.

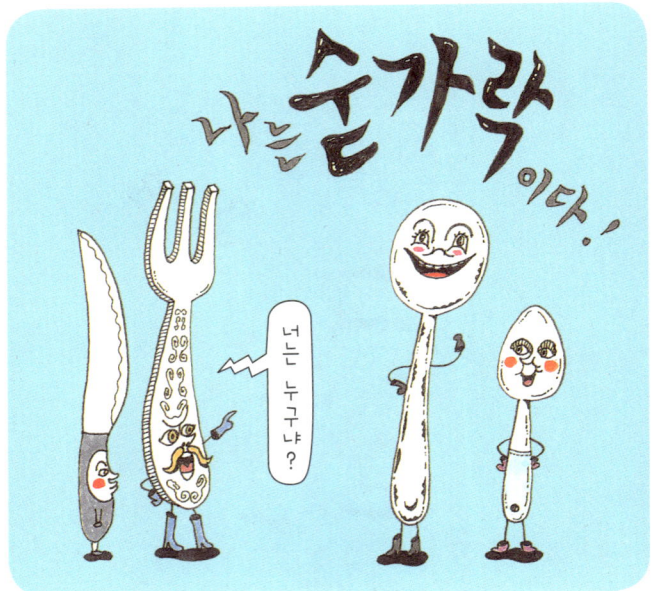

밥상에서 숟가락이 빠지면 안 돼.

숟가락의 단짝은 '젓가락'이 맞아요.

숨바꼭질 ⦿ 숨박꼭질 ❌

숨바꼭질: 한 사람이 술래가 되어 숨은 사람을 찾아내는 놀이.

우리 숨바꼭질하자!

슈퍼마켓 ⭕ 수퍼마켓 ❌

슈퍼마켓 : 식료품이나 생활용품을 파는 가게.

저희 슈퍼마켓으로 오세요.

십상 ⭕ 쉽상 ❌

십상 : 열에 여덟이나 아홉 정도로 거의 예외가 없음.

에구머니, 여긴 엉덩방아 찧기 십상이야.

미끄덩 미끌 미끌 철푸덕

얼음판에서는 넘어지기 십상이에요.

쑥스럽다 ⊙ 쑥쓰럽다 ✗

쑥스럽다 : 하는 짓이나 모양이 어색하여 우습고 싱거운 데가 있다.

칭찬해 주시니 쑥스럽네요.

아기 ⭕ 애기 ❌

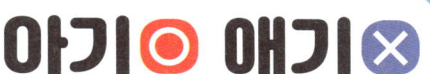

아기 : 아주 어린 젖먹이 아이를 나타내는 말.

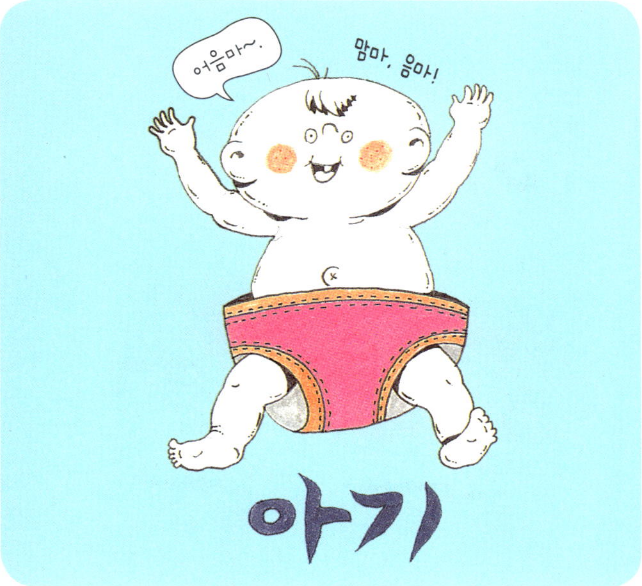

아기가 옹알이해요.

안 돼요 🔴 안 되요 ❌

안 되다 : 동사 '되다'를 부사 '안'으로써 부정하는 표현.

울면 안 돼요. 선물 안 줄 거예요.

안절부절못하다 ⭕
안절부절하다 ❌

안절부절못하다 : 마음이 초조하고 불안하여 어찌할 바를 모르다.

돼지가 겁에 질려 안절부절못하고 있어요.

'안절부절못하다'라는 말을 띄어 쓰지 않도록 주의하세요.

안팎 ⭕ 안밖 ❌

안팎: 사물의 안과 밖 또는 어떤 수량이나 기준에 좀 모자라거나 넘치는 정도.

집과 나무의 거리가 10미터 안팎이에요.

'안팎'에는 '마음속의 생각과 겉으로 드러나는 행동'이라는 뜻도 있어요.

어떡해 ⊙ 어떻해 ❌

어떡하다 : '의견, 성질, 형편, 상태 따위를 어떠하게 하다.'의 줄임말.

상어한테 물리면 어떡해.

'어떡해'는 '어떻게 해'가 줄어든 말이에요.

어이없다 ⭕ 어의없다 ❌

어이없다 : 일이 너무 뜻밖이어서 기가 막히는 듯하다.

거참, 어이없네.

'어이없다'와 같은 표현으로 '어처구니없다'가 있어요.

얼마큼 ⊙ 얼만큼 ⓧ

얼마큼 : '얼마만큼'이 줄어든 말.

우리 아기, 엄마가 얼마큼 좋아?

역할 ⭕ 역활 ❌

역할: 자기가 해야 할 맡은 바 임무 또는 배우가 맡아서 하는 소임.

각자의 역할에 충실하도록!

오뚝이 ⊙ 오뚜기 ❌

오뚝이 : 밑을 무겁게 하여 이리저리 굴려도 오뚝오뚝 일어서는 장난감.

오뚝이처럼 다시 일어나!

'오뚝이'는 '오뚝하다'라는 어간 '오뚝에 '-이'가 붙은 말이에요.

오랜만 ⭕ 오랫만 ❌

오랜만 : 어떤 일이 있은 때로부터 긴 시간이 지난 뒤에.

> 그리웠다, 육지!

오랜만에 나와 보니 공기가 좋군!

'오랜만'은 '오래간만'이 줄어든 말이에요. '매우 긴 동안'을 뜻하는 '오랫동안'을 제외하고는 모두 '오래'을 써요.

오므리다 ⊙ 오무리다 ✕

오므리다 : 물건의 가장자리 끝을 한곳으로 모으다.

공공장소에서는 다리를 오므려 주세요.

우리나라 ⊙ 저희 나라 ⊗

우리나라 : 우리 한민족이 세운 나라를 스스로 이르는 말.

떡국은 우리나라 전통 음식이에요.

'저희'는 우리를 낮추어 듣는 사람을 높일 때 쓰는 말이에요. 그러나 나라나 민족은 높낮이를 비교할 수 없이 서로 동등한 대상이므로 '우리나라'로 써요.

움큼 ⭕ 웅큼 ❌

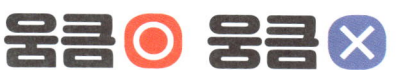

움큼 : 손으로 한 줌 움켜쥘 만한 분량을 세는 단위.

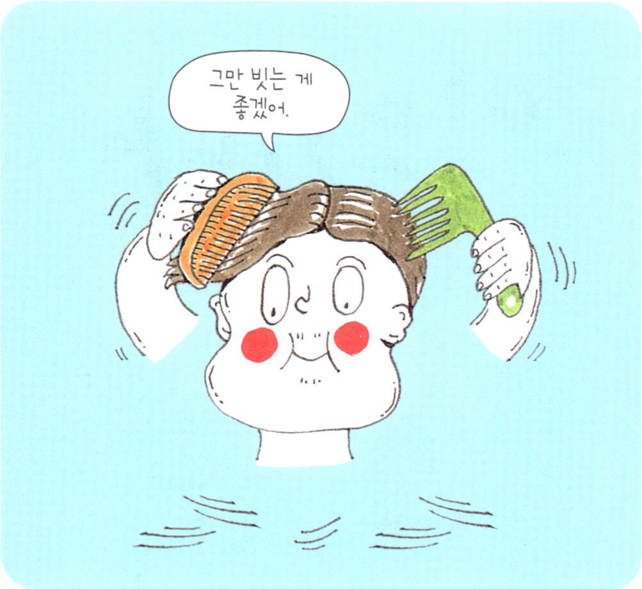

머리카락이 한 움큼 빠졌어.

'움큼'은 '움키다'에서 비롯된 말이에요.

일으키다 ⭕ 이르키다 ❌

일으키다 : 몸을 일으키거나 어떤 일을 벌이다.

우리가 먼저 전쟁을 일으키자!

자그마치 ⦿ 자그만치 ⊗

자그마치 : 예상보다 훨씬 많이 또는 적지 않게.

수심이 자그마치 10,000킬로미터 이상이래요.

졸리다 ⭕ 졸립다 ❌

졸리다 : 자고 싶은 느낌이 들다.

내일 시험인데 계속 졸린다, 졸려!

'졸리다'의 활용형 '졸린'도 '졸리운'으로 잘못 쓰지 않도록 주의하세요.

짓궂다 ⭕ 짖궂다 ❌

짓궂다 : 장난스럽게 남을 괴롭고 귀찮게 하여 달갑지 아니하다.

장난이 너무 짓궂어.

쩨쩨하다 ⊙ 째째하다 ✕

쩨쩨하다 : 너무 적거나 시시할 때 또는 인색한 사람을 가리킬 때 쓰는 말.

먹을 거 가지고 쩨쩨하게 구네!

찌개 ⭕ 찌게 ❌

찌개 : 각종 재료와 장류를 넣어 국물을 바특하게 끓인 반찬.

엄마가 만든 찌개가 세상에서 가장 맛있어.

창피 ⭕ 챙피 ❌

창피 : 체면이 깎이는 일이나 아니꼬운 일을 당함.

창피해서 숨고 싶다!

천장 ⭕ 천정 ❌

천장: 지붕의 안쪽 또는 방의 윗면.

우아, 천장 높다!

이 집은 천장이 무척 높아요.

초콜릿 ⊙ 초콜렛 ✕

초콜릿 : 카카오나무 열매의 씨를 볶아 만든 가루에 여러 재료를 섞어 만든 것.

초콜릿을 많이 먹으면 살이 쪄요.

캐다 ⭕ 케다 ❌

캐다 : 땅속에 묻힌 자연 생산물을 파내거나 드러나지 않은 사실을 밝혀내다.

우리가 그렇게 원하던 금을 캤어!

커튼 ⭕ 커텐 ❌

커튼: 창이나 문에 다는 휘장 또는 막.

커튼

커튼을 열고 바깥 풍경 좀 봐!

공연이 끝난 뒤, 관객이 환성과 박수를 계속 보내 퇴장한 출연자를 무대로 불러내는 것을 '커튼콜'이라고 해요.

파이팅 ⊙ 화이팅 ⓧ

파이팅 : 운동 경기에서 잘 싸우라는 뜻으로 응원하는 소리.

우리 팀 파이팅!

프라이팬(○) 후라이팬(×) | 외래어 표기법에 따라 원어가 'F'로 시작하는 말은 'ㅎ'이 아니라 'ㅍ'으로 적어야 해요.

폭발 ⦿ 폭팔 ✕

폭발 : 불이 일어나며 갑작스럽게 터짐.

폭탄이 폭발해서 까무러치게 놀랐다.

하마터면 ⓞ 하마트면 ⓧ

하마터면 : 조금만 잘못하였더라면.

하마터면 바다에 빠질 뻔했어.

'하마터면'은 위험한 상황을 겨우 벗어났을 때 쓰는 말이에요.

할게 : 어떤 행동에 대한 약속이나 의지를 나타내는 구어체 표현.

내가 맡은 일은 내가 할게.

해님: '해'를 인격화하여 높이거나 다정하게 이르는 말.

둥근 해님이 떴습니다.

낚시꾼(○) 낚싯꾼(×)

헤엄치다 ⊙ 해엄치다 ⓧ

헤엄치다 : 물속에서 나아가기 위해 팔다리나 지느러미를 움직이다.

죽을힘을 다해 헤엄쳐!

휴게소 ⭕ 휴계소 ❌

휴게소 : 길을 가는 사람들이 잠깐 머물러 쉴 수 있게 마련해 놓은 장소.

휴게소에 잠깐 들렀다 가자.

게시판(○) 계시판(×)

꼼꼼 확인 퀴즈

문장을 읽고 맞춤법에 맞으면 ○표, 틀리면 ×표 하세요.

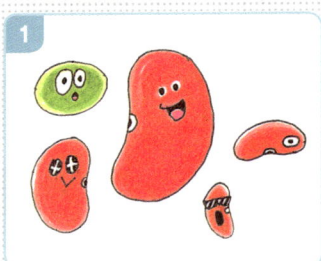

내 이름은 **강남콩**!

개가 내 바지를 **덥썩** 물었어.

베개를 베자마자 잠이 들어요.

우리 아빠는 **설거지**를 잘해요.

정답은 220쪽에

애기가 옹알이해요.

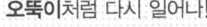

오뚝이처럼 다시 일어나!

장난이 너무 **짓궂어**.

둥근 **햇님**이 떴습니다.

02

헷갈리기 쉬운 맞춤법 50

가르치다 | 가리키다

가르치다 상대방이 모르는 지식이나 기능을 익히게 하거나 알도록 일러 주다.
가리키다 손가락으로 어떤 방향이나 대상을 집어서 보이거나 알리다.

방정식이 어쩌고저쩌고….

$$\int f(x)\,dx = f(x)+c$$
$$\frac{d}{dx}\int f(x)\,dx = f(x)$$

쿨쿨~

왜 수학만 가르치면 자는 걸까?

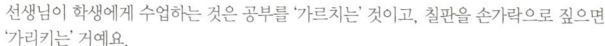
선생님이 학생에게 수업하는 것은 공부를 '가르치는' 것이고, 칠판을 손가락으로 짚으면 '가리키는' 거예요.

갖다 | 같다

갖다 무언가를 지니거나 자기 것으로 하다. '가지다'의 준말.
같다 다른 것과 비교하여 서로 다르지 않고 하나이다.

내가 다 갖고 말 거야.

발음이 같아 혼동하기 쉽지만 뜻은 전혀 다르니 주의해야 해요.

거름 | 걸음

거름 식물이 잘 자라도록 땅을 기름지게 하기 위하여 주는 물질.
걸음 두 발을 번갈아 옮겨 놓는 동작.

잘 자라도록 밭에 거름을 주자.

발음이 같아 혼동하기 쉽지만 뜻은 전혀 다르니 주의해야 해요.

거치다 | 걷히다

거치다 무엇에 걸리다. 오가는 도중에 지나거나 들르다.
걷히다 구름이나 안개 따위가 없어지거나 맑게 개다.

구름이 걷히자 환한 햇살이 비쳐요.

'거치다'는 '경유'의 의미, '걷히다'는 '걷다'의 피동으로서 '수거'의 의미를 가져요.

껍데기 | 껍질

껍데기 겉을 둘러싼 단단한 물질 또는 이불, 베개처럼 알맹이를 뺀 물건.
껍질 겉을 싼 물질이 껍데기에 비해 좀 더 물렁한 것.

난 껍데기!!

과일 껍질을 까서 냠냠 먹어요.

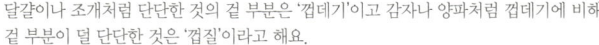
달걀이나 조개처럼 단단한 것의 겉 부분은 '껍데기'이고 감자나 양파처럼 껍데기에 비해 겉 부분이 덜 단단한 것은 '껍질'이라고 해요.

낫다 | 낳다

낫다 다른 것과 비교하여 더 좋거나 앞서 있다. 상처나 병이 고쳐지다.
낳다 배 속의 아이나 새끼를 몸 밖으로 내놓다. 어떤 결과를 가져오다.

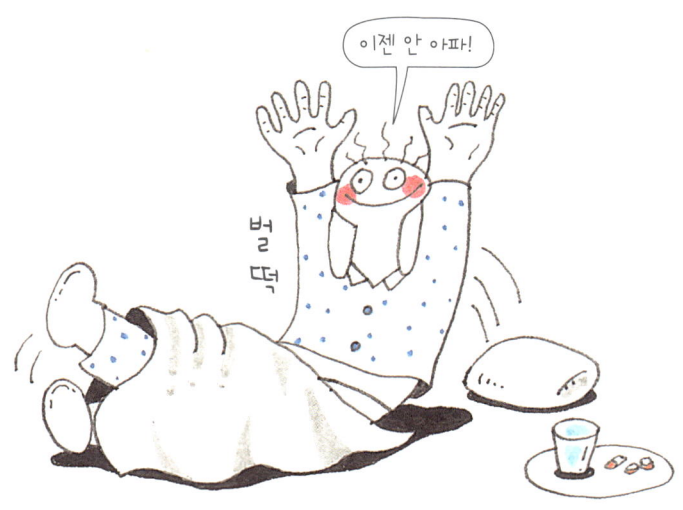

약을 먹으니 감기가 낫는 것 같다.

발음이 같으니 상황에 맞는 뜻을 파악해요.

낮 | 낯

- 낮 해가 뜰 때부터 질 때까지, 아침과 저녁 사이 동안.
- 낯 얼굴의 바닥 또는 남을 대할 만한 체면.

낮이 되면 기운이 넘쳐.

너머 | 넘어

너머 산이나 고개, 담 등과 같이 높은 것의 저쪽 또는 그 공간.
넘어 높은 곳의 위를 지나가다. 일정한 시간이나 범위에서 벗어나다.

산 넘어가는 중.

갈수록 태산, 산 넘어 산이라니……

'넘다'의 활용형인 '넘어'는 '산을 넘어간다.'처럼 동작을 나타내고, '너머'는 공간이나 공간의 위치를 나타내요.

널다 | 넓다

널다 옷이나 이불 등을 볕을 쬐기 위해 펼쳐 놓다.
넓다 면이나 바닥 따위의 면적이 크다.

날씨가 좋으니 빨래를 <u>널자</u>.

'넓다'는 [널따]라고 발음하고, '널다'는 [널:다]라고 발음해요.

늘리다 | 늘이다

늘리다 수나 분량이 많아지다. 재주나 능력이 나아지다.
늘이다 원래보다 길어지게 하다. 아래로 처지게 하다.

엿가락을 길게 늘이고 있어요.

'늘리다'는 수량이나 무게 등을 더 많거나 크게 할 때 쓰고, '늘이다'는 길이를 길게 할 때 쓰는 말이에요.

다르다 | 틀리다

다르다 비교되는 두 대상이 서로 같지 않다.
틀리다 사실이나 계산이 어긋나고 정확하지 않다.

답이 다 틀렸어.

'다르다'와 '틀리다'는 쓰이는 맥락을 잘 살펴봐야 해요. 정답이 있어서 맞고 틀리는 게 아닌 경우는 '다르다'라고 해요.

다리다 | 달이다

다리다 옷의 주름이나 구김을 펴기 위해 다리미로 문지르다.
달이다 액체를 끓여 진하게 만들거나 약재에 물을 부어 끓이다.

내일 입고 갈 옷을 다려요.

닮다 | 담다

닮다 서로 비슷한 생김새나 성질을 지니다.
담다 어떤 물건을 그릇 따위에 넣다.

난 아빠를 똑 닮았어.

닳다 | 당다

닳다 어떤 물건이 오래 쓰여서 낡아지거나 갈려 줄어들다.
당다 한 물체가 다른 물체에 맞붙어 사이에 빈틈이 없게 되다.

하도 지웠더니 지우개가 닳았어.

덥다 | 덮다

덥다 기온이 높거나 땀이 날 만큼 체온이 높다.
덮다 물건 따위가 보이지 않도록 천이나 뚜껑 등으로 씌우다.

날씨가 무척 덥다.

드러내다 | 들어내다

드러내다 보이지 않던 것을 보이게 하다. 알려지지 않은 사실을 밝히다.
들어내다 물건을 밖으로 옮기다. 사람을 있는 자리에서 쫓아내다.

짐을 다 들어내야 해.

띠다 | 띠다

띠다 띠나 끈을 두르다. 어떤 성질이나 감정, 사명을 지니다.
띄다 눈에 보이거나 두드러지다. 간격이 벌어지게 하다.

눈에 가장 잘 띈다.

'띄다'는 눈에 두드러지게 보이는 '뜨이다'의 준말로도, 또 간격을 벌어지게 하는 '띄우다'의 준말로도 쓰여요.

로서 | 로써

로서 지위나 신분, 자격을 나타냄.
로써 수단이나 도구, 재료를 나타냄.

아버지로서 너에게 얘기하는 거야.

맞추다 | 맞히다

맞추다 어떤 조건에 들어맞게 하다. 떨어져 있는 각 부분을 맞게 붙이다.
맞히다 문제에 옳게 답하다. 쏘거나 던져 물체에 닿게 하다.

친구들끼리 발을 맞춰 행진해요.

'맞히다'와 발음이 같은 '마치다'는 어떤 일이나 절차를 끝냈을 때 쓰는 말이에요.

매다 | 메다

매다 끈이나 줄의 두 끝이 풀어지지 않게 마디를 만들다.
메다 어깨에 걸치거나 올려놓다.

가방을 메고 등교해요.

무치다 | 묻히다

무치다 나물에 갖은양념을 넣고 골고루 한데 뒤섞다.
묻히다 액체나 가루 등을 묻게 하다. 물건이 보이지 않게 덮이다.

콩나물 맛있게 무쳐 줄게요.

묵다 | 묶다

묵다 일정한 곳에 잠시 머무르다. 오래된 상태가 되다.
묶다 끈이나 줄로 잡아매거나 매듭짓다.

산장에서 하룻밤 묵자.

바라다 | 바래다

바라다 어떤 일이 이루어지길 소망하다.
바래다 볕이나 습기를 받아 색이 변하거나 희게 되다.

1등 하기만 바라요.

'바라다'의 명사형은 '너의 간절한 바람대로'처럼 '바람'이 맞아요. '바램'으로 쓰지 않도록 주의하세요.

박이 | 배기

박이 무엇이 박혀 있는 사람이나 동물, 물건을 뜻함.
배기 어린아이의 나이를 나타내는 말 뒤에 붙여서 그 나이를 먹은 아이를 가리킴.

내 이름은 점박이.

옹알옹알~

까꿍! 한 살배기예요.

차돌박이(○) 차돌배기(×) | 오이소박이(○) 오이소배기(×)

반드시 | 반듯이

반드시 '틀림없이 꼭'과 같은 뜻으로, 일이 꼭 들어맞음.
반듯이 어떤 물체나 행동, 생각 등이 곧고 바름.

반드시 부모님의 원수를 갚겠다.

배다 | 베다

배다 스며들거나 스며 나오다. 버릇이 되어 익숙해지다.
베다 날이 선 도구로 자르거나 상처를 내다. 머리 아래에 받치다.

무라도 베면 다행이다.

버리다 | 벌이다

버리다 갖고 있는 물건이나 버릇을 쏟거나 없애다.
벌이다 일을 시작하거나 펼쳐 놓다. 여러 물건을 늘어놓다.

오늘은 쓰레기 버리는 날.

'벌리다'는 둘 사이를 넓히거나 오므라진 것을 펴서 여는 것을 말해요.

부수다 | 부시다

부수다 단단한 물건을 여러 조각이 나도록 깨뜨리거나 못 쓰게 만들다.
부시다 강한 빛 때문에 쳐다보기가 어렵다. 그릇을 씻어 깨끗하게 하다.

엄마가 접시를 깨끗이 부셔요.

'빛이 아주 아름답고 황홀하다.' 또는 '활약이나 업적이 뛰어나다.'라는 뜻의 '눈부시다'와 잘 구분하여 사용하세요.

부치다 | 붙이다

부치다 편지나 물건을 다른 곳으로 보내다. 어떤 문제를 넘기어 맡기다.
붙이다 맞닿아 떨어지지 않게 하다. 불을 일으켜 타게 하다.

오늘 저녁 메뉴를 표결에 **부칩니다**.

빌다 | 빌리다

빌다 바라는 바를 이루게 해 달라고 청하다. 용서해 달라고 호소하다.
빌리다 남의 것을 돌려주기로 약속하고 잠시 가져와 사용하다.

친구에게 장난감을 빌려요.

빚 | 빛

빚 갚아야 할 돈이나 은혜.
빛 색깔, 광선을 나타내는 빛깔.

빚이 산더미!
빚
얼른 갚아!

빚을 갚느라 허리가 휠 지경이다.

'빗'은 '머리빗'처럼 머리카락을 가지런히 할 때 쓰는 도구를 말해요.

빗다 | 빚다

빗다 머리카락을 빗 따위로 가지런히 하다.
빚다 흙 따위의 재료를 이겨서 어떤 형태를 만들다.

내가 빚은 이 작품, 어때요?

새다 | 세다

새다 기체나 액체, 빛, 소리 등이 조금씩 빠져나가다. 날이 밝아 오다.
세다 수를 헤아리다. 힘이 많다. 털이 희어지다.

동전을 세어 보자.

섞다 | 썩다

섞다 두 가지 이상의 것을 한데 합치다.
썩다 균에 의해 원래의 성질을 잃어 냄새가 나고 뭉개지다.

이가 썩어서 치과에 가야 해.

'썩다'에는 여러 뜻이 있어요. '걱정에 속이 썩는다.', '아까운 재능을 썩히고 있다.', '돈이 썩어 나도 안 빌려준다.'처럼 다양하게 쓰여요.

시키다 | 식히다

시키다 어떤 일이나 행동을 하게 하다.
식히다 더운 기를 없애다. 열의를 가라앉히다.

강아지한테 심부름을 시켜요.

안다 | 않다

안다 두 팔을 벌려 가슴 쪽으로 끌어당기거나 품 안에 있게 하다.
않다 어떤 행동을 안 하다. 앞말의 행동이나 상태를 부정하다.

더 이상 춥지 않아요.

어떡해 | 어떻게

어떡해 '어떻게 해.'가 줄어든 말로, '그럼 난 어떡해.'처럼 사용함.
어떻게 '어떻다'에 '-게'가 결합한 말로, 어떤 방법이나 방식을 뜻함.

어떻게 감쪽같이 붙일 수 있을까?

'어떡해' 뒤에는 서술어가 올 수 없고 '어떻게' 뒤에는 올 수 있어요. 또 '어떻해'는 틀린 말이니 주의하세요.

업다 | 없다

업다 사람이나 동물을 등에 얹어 붙잡다.
없다 어떤 물체나 사실, 현상이 실제로 존재하지 않다.

개집에 개가 없어요.

발음이 같은 '엎다'는 '그릇을 엎어 놓다.'처럼 물건을 거꾸로 돌려 밑을 향하게 하거나 부주의로 넘어뜨리는 것을 말해요.

예요 | 이에요

예요 명사 끝 음절에 받침 없이 모음으로 끝났을 때 사용함.
이에요 명사 끝 음절에 받침이 있을 때 사용함.

제 이름은 방자예요.

'거예요'는 '것이에요'의 준말이에요.

왠 '왜인지'의 준말인 '왠지'로만 쓰이며 '왜 그런지 모르게'의 뜻.
웬 '어찌 된 일 또는 어떠한'의 뜻을 가진 관형사로 쓰임.

점심시간만 생각하면 왠지 기분이 좋아요.

'웬지'는 틀린 표현이니 주의하세요.

익다 | 읽다

익다 음식물 등의 날것이 열로 인해 성질이 변하다. 열매가 여물다.
읽다 글을 소리 내어 말하거나 뜻을 알아내다.

사과가 잘 익었어요.

잃다 | 잊다

잃다 물건이 없어지다. 사람과의 관계가 끊어지다. 길을 못 찾다.
잊다 알았던 사실을 기억하지 못하다. 신경 쓰지 않다.

집에 가는 길을 잃었어.

장이 | 쟁이

장이 일부 명사 뒤에 붙어 그것과 관련된 기술을 가진 사람을 뜻함.
쟁이 일부 명사 뒤에 붙어 그것이 나타내는 속성을 많이 가진 사람을 뜻함.

옆집 아이는 말썽쟁이구나!

저리다 | 절이다

저리다 몸의 일부분이 피가 잘 통하지 못해 감각이 둔하고 아리다.
절이다 채소나 생선을 소금이나 설탕, 식초 등이 배어들게 하다.

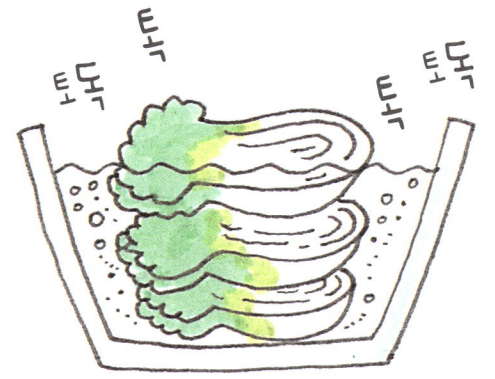

소금물에 배추를 절여요.

짓다 | 짖다

짓다 재료를 써서 밥이나 옷, 집 등을 만들다. 소설이나 편지 등의 글을 쓰다.
짖다 개가 크게 소리 내다. 새가 시끄럽게 지저귀다.

개가 짖을 때 가까이 가면 안 돼.

째 | 채

- **째** '전부'의 뜻을 더할 때 씀.
- **채** 이미 있는 상태 그대로를 뜻함.

으악, 통째로 잡아먹는다!

찢다 | 찧다

찢다 물체를 잡아당겨 가르다.
찧다 곡식을 빻으려고 절구에 담고 공이로 내리치다.

개인 정보는 찢어서 버려요.

켜다 | 키다

켜다 불을 밝히다. 전기 제품을 작동하게 하다.
키다 '켜이다'의 준말로, 갈증이 나서 물을 자꾸 마시게 되다.

불을 켜니 환해졌어.

해치다 | 헤치다

해치다 손상을 입혀 망가지게 하다.
헤치다 덮인 것을 파거나 젖히다. 앞에 걸리는 것을 좌우로 물리치다.

풀을 헤치면서 가자.

햇볕 | 햇빛

햇볕 해가 내리쬐는 기운.
햇빛 해의 빛.

햇볕에 까맣게 그을렸어.

꼼꼼 확인 퀴즈

문장을 읽고, 들어갈 알맞은 말을 찾아 ○ 하세요.

잘 자라도록 밭에 걸음 / 거름 을 주자.

갈수록 태산, 산 넘어 / 너머 산이라니….

엿가락을 길게 늘리고 / 늘이고 있어요.

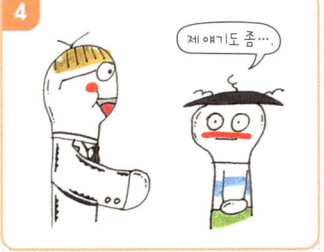

아버지 로서 / 로써 너에게 얘기하는 거야.

정답은 220쪽에

무라도 배면 베면 다행이다.

오늘 저녁 메뉴를 표결에 부칩니다. 붙입니다.

어떻게 어떡해 감쪽같이 붙일 수 있을까?

옆집 아이는 말썽장이구나! 말썽쟁이구나!

바늘 가는 데 실 가요.

'곳이나 장소', '일이나 것'의 뜻으로 사용된 '데'는 띄어요. 반면 '어디 가는데?'처럼 어미로 사용된 '데'는 붙여요.

가족 간 ⭕
가족간 ❌

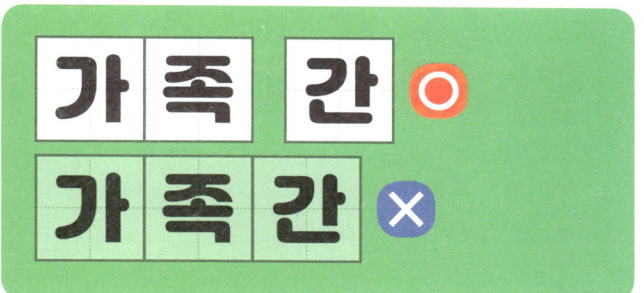

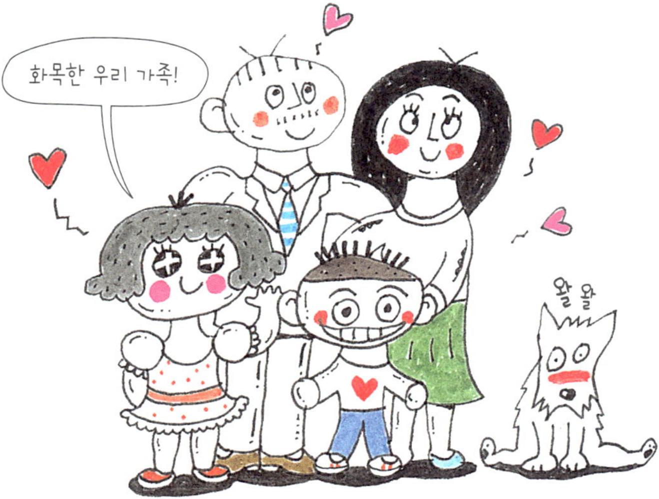

가족 간의 사랑이 넘쳐요.

'가족 간'처럼 '관계'의 뜻이나 '서울과 부산 간 열차'처럼 '사이'의 뜻이면 의존 명사로 띄고, '이틀간'처럼 '동안'의 뜻이면 접미사로 붙여요.

갈 거야 ○
갈거야 ×

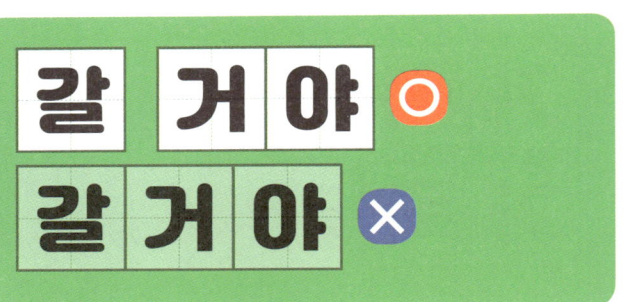

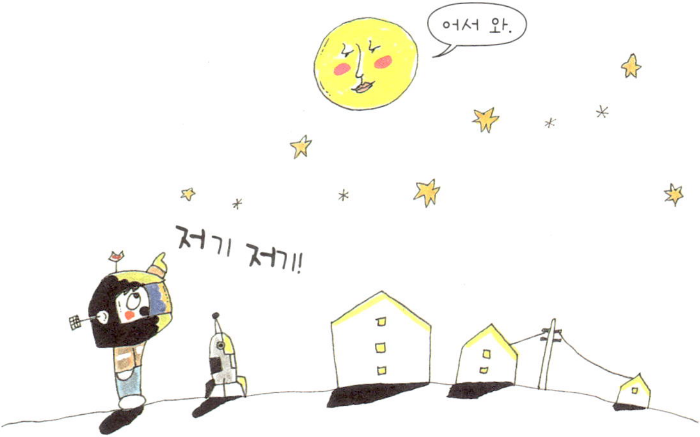

나는 달에 꼭 갈 거야.

'거'는 '것'을 일상 대화체로 이르는 말이에요. 접미사가 아니고 의존 명사이므로 띄어 써야 해요.

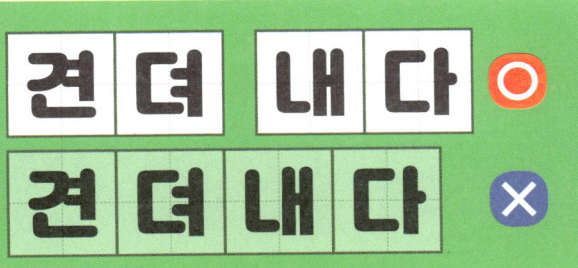

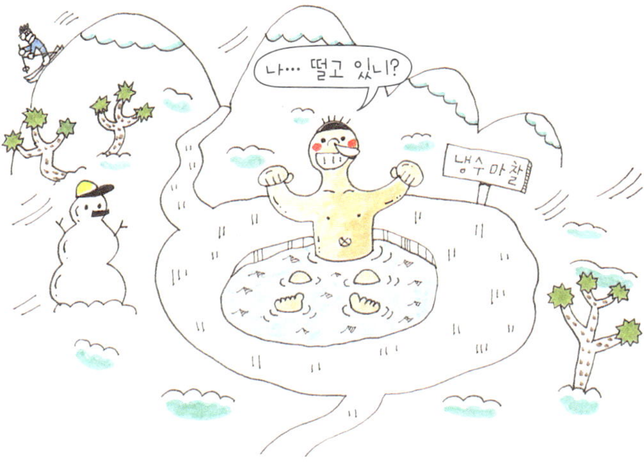

남자답게 추위를 견뎌 내자!

'막아 내다, 이겨 내다, 참아 내다'처럼 '내다' 앞에 오는 말이 힘든 과정을 끝내 이룬 경우 띄어 써요.

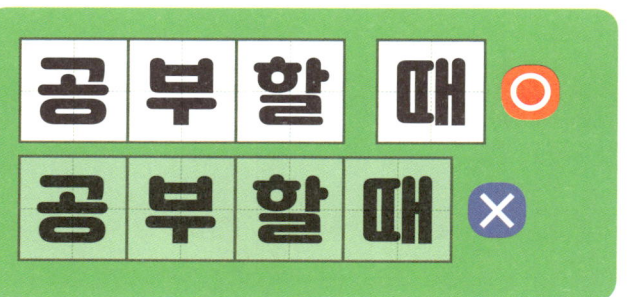

지금은 공부할 때니까 집중하자!

'시간의 어떤 순간이나 부분'을 나타내는 '때'는 명사로 앞말과 항상 띄어 써요.

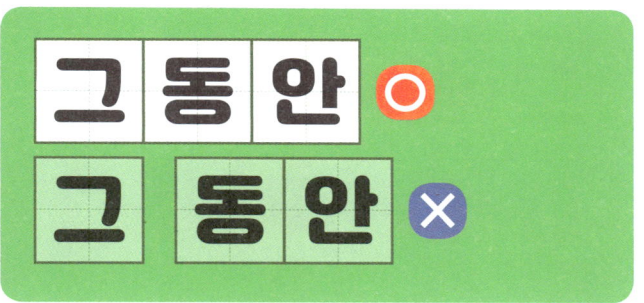

할머니 할아버지, 그동안 안녕하셨어요?

'그동안'은 앞에서 이야기한 만큼의 시간을 뜻하는 말로, 한 단어로 굳어져서 붙여 써요.

아하, 그렇구나!

'-구나'는 혼잣말에 주로 쓰이는데, 새롭게 알게 된 사실을 감탄하는 종결 어미예요.

난 나대로 좋아!

'나대로'처럼 명사 뒤에서 따로따로 구별됨을 나타내는 뜻으로 사용될 때는 붙여 써요.
'본 대로', '지칠 대로'처럼 의존 명사로 쓰일 때는 띄어요.

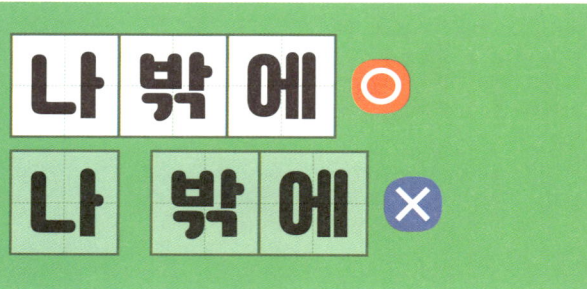

혀로 코 후비는 사람은 나밖에 없어.

'그것 말고는', '그것 이외에는'의 뜻을 나타내는 '밖'은 앞말과 붙여 써요.

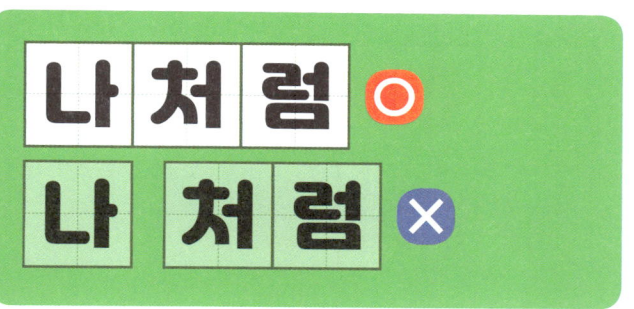

나처럼 해 봐, 이렇게!

'모양이 서로 비슷하거나 같음'을 나타내는 '처럼'은 조사라서 붙여요. 비슷한 말로 '같이'가 있어요.

우리 집 닭은 날마다 알을 낳아요.

'마다'는 '낱낱이 모두'의 뜻을 나타내는 보조사라서 명사와 붙여 써야 해요.

내 것이 아니에요.

'그것, 저것, 아무것, 낡은것'과 같이 한 단어로 굳어진 경우가 아니면 '것'은 의존 명사라 띄어 써요.

내려오다 ⭕
내려 오다 ❌

외계인이 슝 내려와요.

두 단어가 합쳐져서 한 단어가 된 것을 '합성어'라고 해요. '내려오다', '올라가다'처럼 동등한 두 동사가 합쳐진 합성 동사는 붙여 써야 해요.

너같이 ⭕
너 같이 ❌

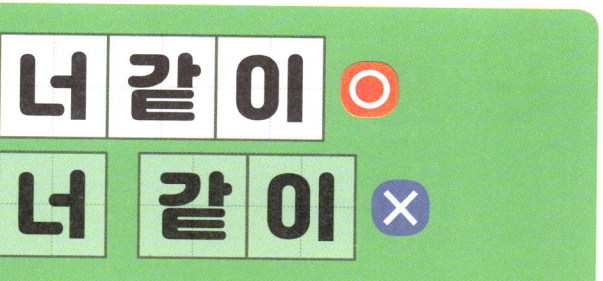

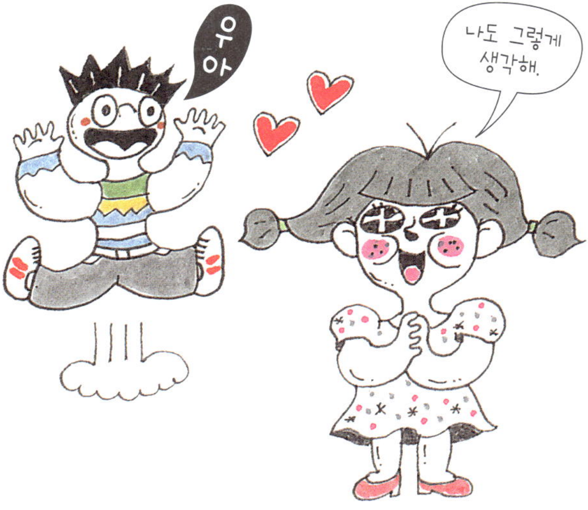

너같이 예쁜 애는 처음 봐!

'사과같이 예쁜 얼굴'과 같이 '처럼'의 뜻으로 쓰이면 붙이고, '같이 놀자.'처럼 '함께'의 뜻으로 쓰이면 띄어 써요.

너만큼 예쁜 꽃이야!

'만큼'은 '너만큼'처럼 앞말이 명사이면 조사로 쓰여 붙이고, '주는 만큼'처럼 앞말이 용언이면 의존 명사로 띄어요.

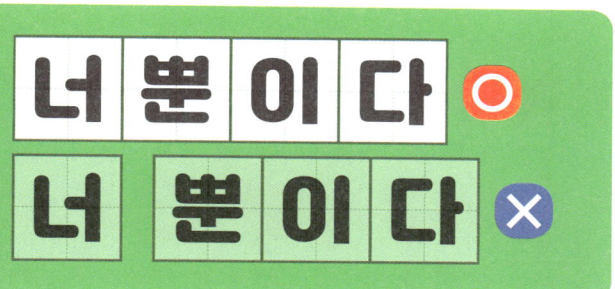

살아남은 건 **너뿐이다**. 항복해!

'그것 말고 더 없음 또는 오직 그러하다.'는 뜻의 조사 '뿐'은 붙이고, '구경만 할 뿐'처럼 의존 명사로 쓰이면 띄어요.

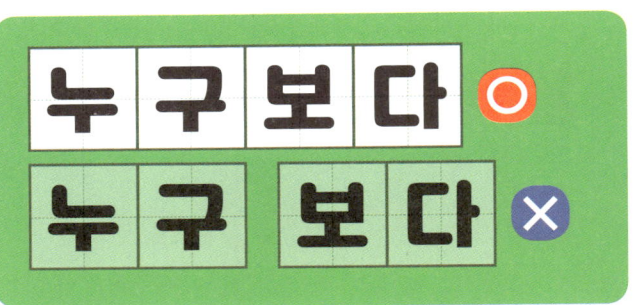

달리기는 누구보다 자신 있어.

서로 차이가 있는 것을 비교할 때 쓰는 '보다'는 앞말과 붙여 쓰고, '보다 높게'와 같이 부사로 쓰이면 띄어 써요.

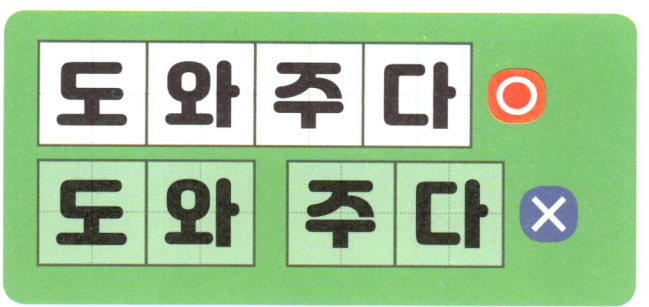

슈퍼맨, 도와줘요!

'도와주다'는 '돕다'와 '주다'가 결합한 합성어라 한 단어로 인식하여 붙여 써요.

맨 위에 있는 게 네 선물이야.

'맨 위'나 '맨 처음'처럼 '더할 수 없을 정도나 경지에 있음'을 나타내는 '맨'은 띄어 쓰고, '맨땅'이나 '맨발'처럼 '다른 것이 없는'의 뜻을 더하는 '맨'은 붙여요.

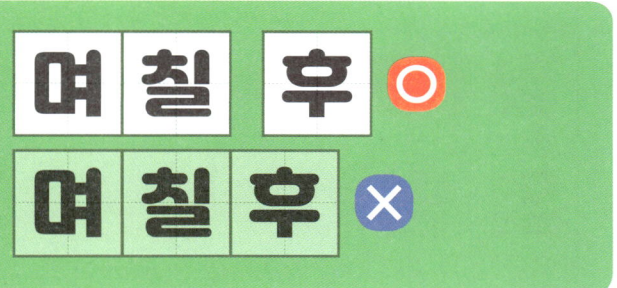

며칠 후 싹이 났어요.

'뒤나 다음'을 뜻하는 '후'는 명사라서 앞말과 띄어 써요. 단, '이후'는 한 단어로 보아 붙이고, '그 후'는 띄어 써요.

몇 명 ○

몇명 ×

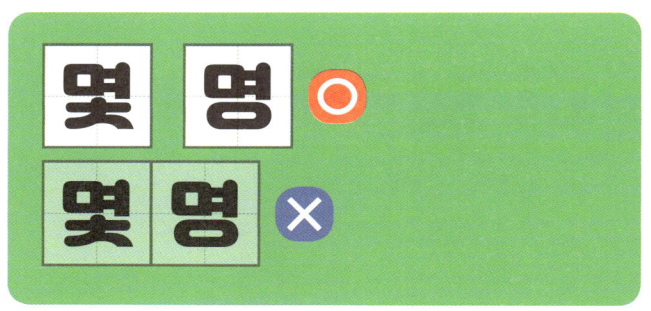

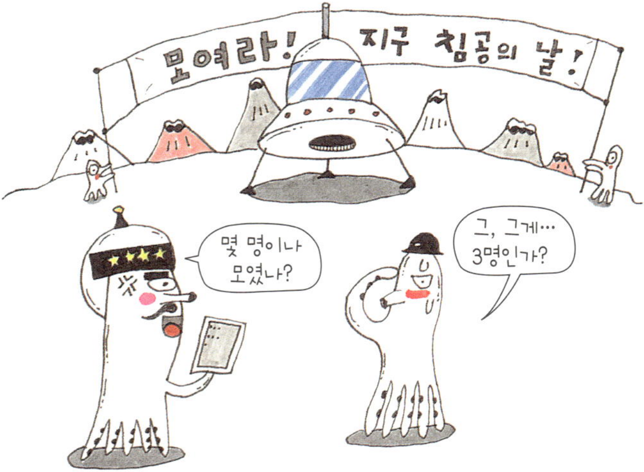

지금 몇 명이라고 했나?

그리 많지 않은 얼마만큼의 수를 막연하게 이르는 '몇'은 띄어 써요.

요즘 밥커녕 죽도 못 먹어요.

어떤 사실을 부정하는 것은 물론 더 못한 것까지 부정하는 뜻의 '커녕'은 조사라서 붙여요.

방학 동안 ○

방학동안 ×

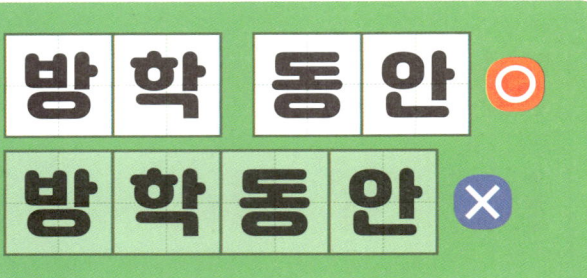

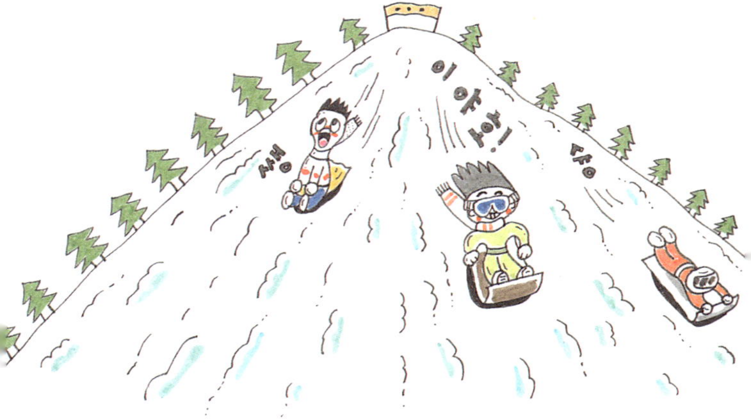

겨울 방학 동안 실컷 썰매 탈 거야.

어느 한 때에서 다른 한 때까지 시간의 길이를 뜻하는 '동안'은 접사가 아닌 명사이므로 띄어요. 단, 한 단어가 된 '그동안'이나 '오랫동안'은 붙여요.

백여 개 ⭕
백 여 개 ❌

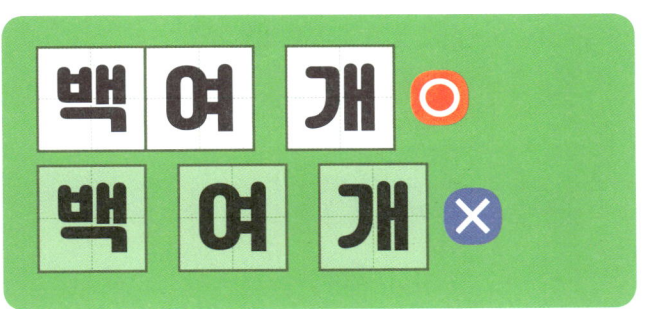

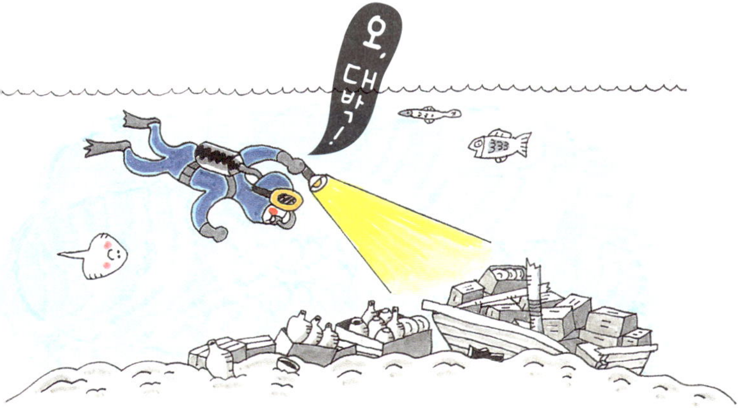

보물 상자 백여 개를 발견했어요.

'그 수를 넘음'의 뜻을 더하는 '여'는 접미사라서 '백여 개', '십여 년'처럼 수량을 나타내는 앞말과 붙여 써요.

볼 만하다 ⭕
볼만하다 ❌

줄타기 공연은 정말 볼 만해요.

앞말이 뜻하는 행동을 하는 것이 타당하거나 가능함을 나타내는 말 '만하다'는 앞에 오는 용언과 띄어 써요.

엄마가 새 옷을 사 왔어요.

'사용하거나 구입한 지 얼마 되지 아니한'의 뜻을 가진 '새'는 띄어 써요. 단, '새것'은 한 단어로 굳어진 합성어로 붙여요.

고개를 숙인 채 생각에 잠겨요.

'이미 있는 상태 그대로 있다.'는 뜻의 '채'는 의존 명사라 띄어 써요.

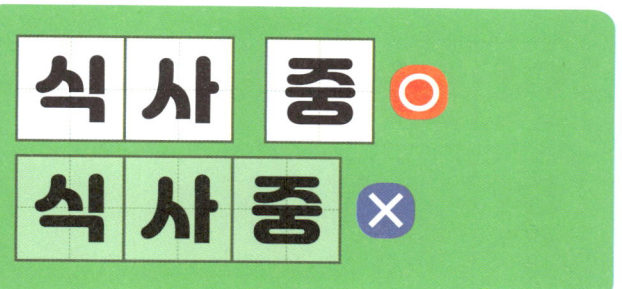

아기가 식사 중입니다.

'무엇을 하거나 어떤 상태에 있는 동안'의 뜻을 나타내는 '중'은 의존 명사라서 띄어 써요.

조심해, 늑대가 엿보고 있어.

'남이 알아차리지 못하게 대상을 살펴보다.'라는 뜻의 '엿보다'는 하나의 동사라서 붙여요.

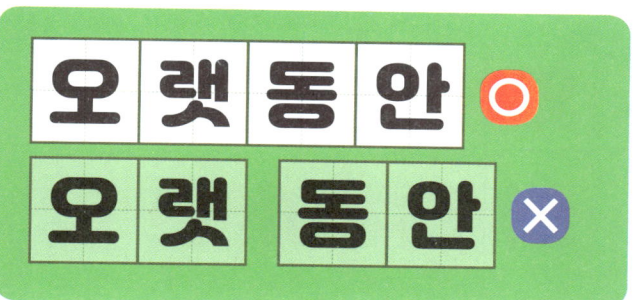

오랫동안 못 본 친구가 찾아왔다.

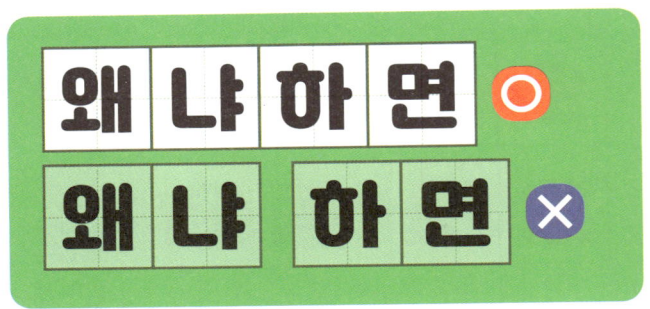

나는 이제 잘 거야. 왜냐하면 졸리니까!

'왜냐하면'은 '왜 그러냐 하면'의 뜻을 나타내는 하나의 부사라서 붙여 써요.

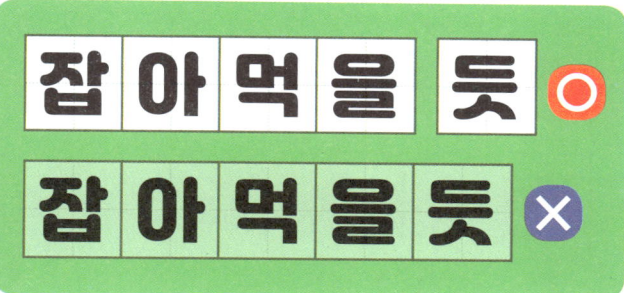

늑대가 잡아먹을 듯 쫓아와요.

짐작이나 추측을 나타내는 '듯'은 의존 명사로 앞말과 띄어 써야 해요.

전 세계 ○
전세계 ×

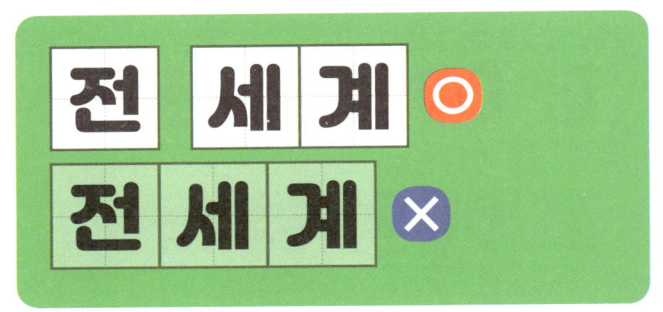

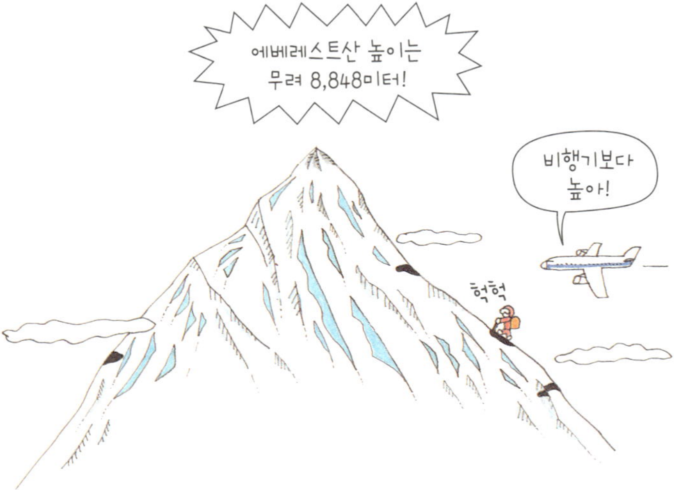

전 세계에서 가장 높은 산이에요.

'모든 또는 전체'의 뜻을 나타내는 '전'은 '전 국민', '전 20권'처럼 띄어 써요.

이번이 제1회 행사입니다.

'그 숫자에 해당되는 차례'의 뜻을 더하는 접두사라서 붙여 써요.

좀 더 힘을 내세요!

'좀'은 '조금'의 준말로, '좀'과 '더'가 각각 한 단어이므로 띄어요.

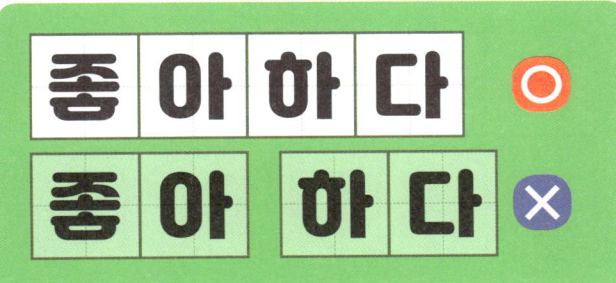

가끔 으르렁대도 나는 너를 좋아해!

빨리 일어나는 게 좋을 텐데.

'텐데'는 '터인데'의 준말로, '터'는 의존 명사이므로 앞말과 띄어 써요.

이렇게 선물을 주고받으니 참 좋다.

'주고받다'는 하나의 동사로 굳어진 합성어이므로 붙여 써요.

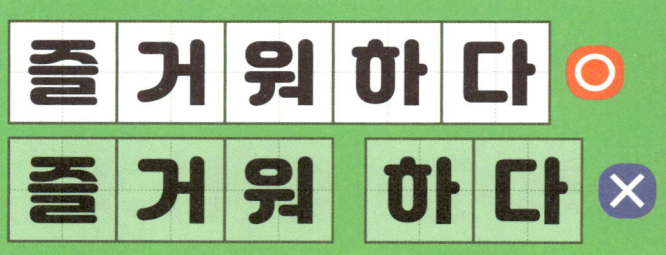

롤러코스터를 타면서 **즐거워하는** 우리.

'즐거워하다'는 '즐겁게 여기다.'라는 뜻을 가진 하나의 동사이므로 붙여 써요.

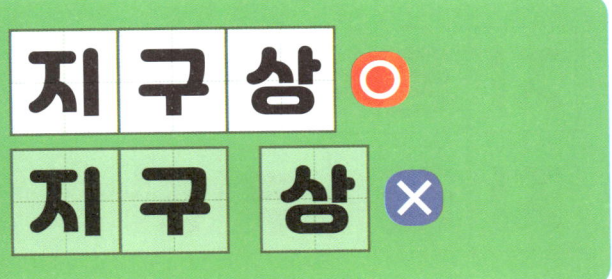

지구상에서 사라진 외계인.

물체의 위나 위쪽을 나타내는 '상'은 붙여 써요.

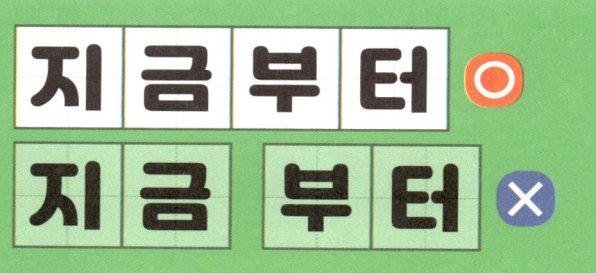

지금부터 지구를 정복하러 가겠다.

어떤 일이나 상태에 관련된 범위의 시작임을 나타내는 '부터'는 앞말과 붙여 써요.

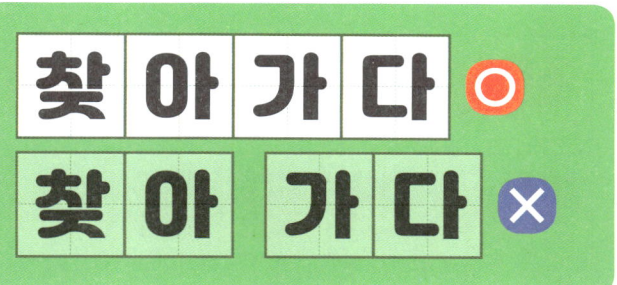

지도 한 장 들고 보물을 찾아가요.

'찾아가다'는 '내려가다'나 '올라오다'처럼 한 단어로 굳어진 합성어이므로 붙여 써요.

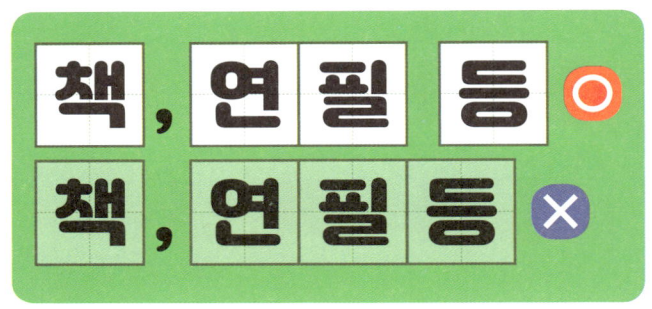

가방에 책, 연필 등이 있어요.

'그 밖에도 같은 종류의 것이 더 있음'을 나타내는 뜻의 '등'은 의존 명사로 띄어 써요.

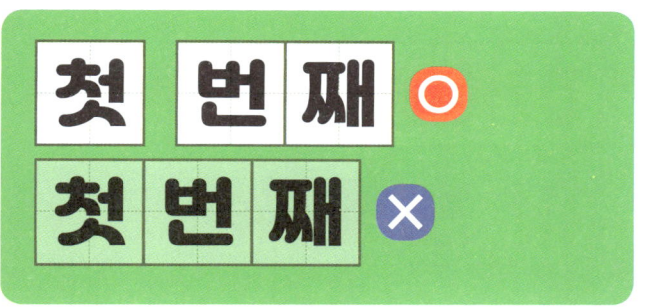

당신이 첫 번째 지원자입니다.

차례나 횟수를 나타내는 '번째'는 수를 나타내는 말과 띄어 써요.

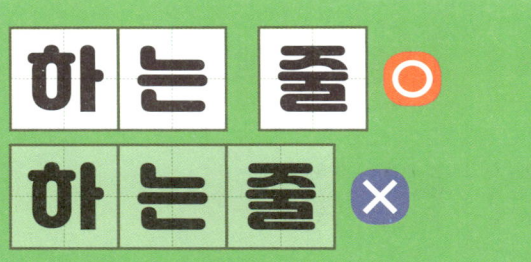

우리 손자 공부 못하는 줄 알았는데…….

어떤 방법이나 속셈 따위를 나타내는 '줄'은 의존 명사라서 앞말과 띄어 써요.

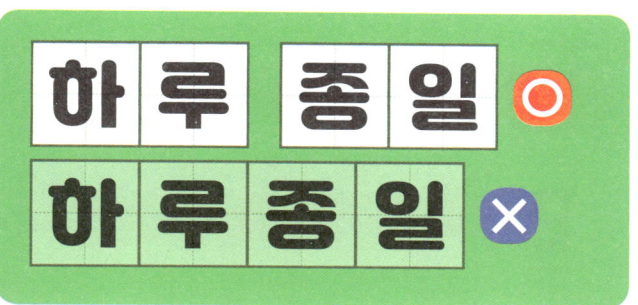

하루 종일 비가 오네.

'아침부터 저녁까지'를 나타내는 '종일'은 명사로 띄어 써요. 단, '온종일'은 '온'이 '완전한', '꽉 찬'의 뜻을 더하는 접두사여서 붙여요.

짝꿍을 몰래 좋아한 적 있어요.

'그 동작이 진행되거나 그 상태가 나타나 있는 때 또는 지나간 어떤 때'를 나타내는 '적'은 의존 명사로 띄어 써요.

진작 공부 좀 할걸 그랬어.

가벼운 뉘우침이나 아쉬움, 가벼운 반박이나 감탄의 뜻을 나타낼 때는 붙여요.

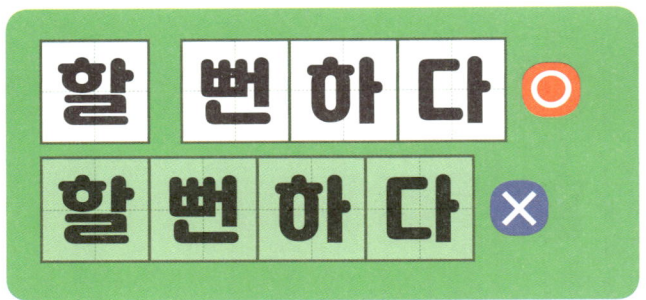

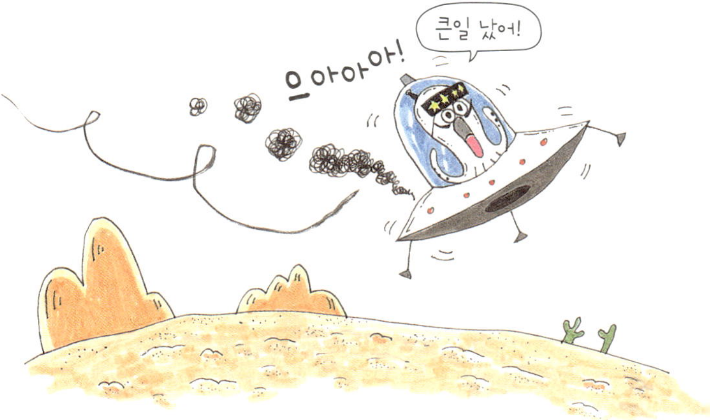

지구로 가다가 추락할 뻔했네!

'뻔하다'는 앞말이 뜻하는 상황이 실제 일어나지는 않았지만 그럴 가능성이 매우 높았음을 나타내는 형용사예요.

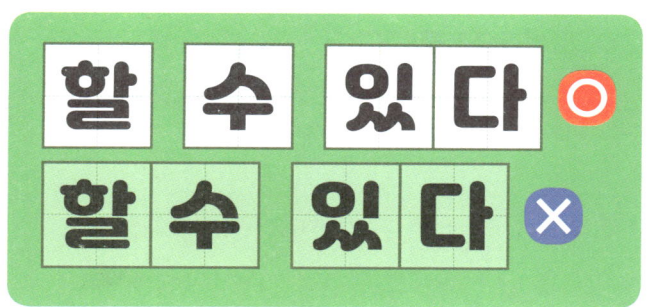

우리가 지구를 정복할 수 있을까요?

'어떤 일을 할 만한 능력이나 어떤 일이 일어날 가능성'을 나타내는 의존 명사 '수'는 띄어요.

꼼꼼 확인 퀴즈

다음을 읽고 띄어쓰기가 맞는 문장에 ○표 하세요.

바늘 가는 데 실 가요. ☐
바늘 가는데 실 가요. ☐

난 나대로 좋아! ☐
난 나 대로 좋아! ☐

외계인이 슝 내려 와요. ☐
외계인이 슝 내려와요. ☐

진작 공부 좀 할 걸 그랬어. ☐
진작 공부 좀 할걸 그랬어. ☐

편지를 읽고 보기와 같이 띄어쓰기가 잘못된 곳을 모두 찾아 고쳐 보세요.

보기

안녕, 친구야! ~~그 동안~~ 잘 지냈어?
그동안

나는 지금 가족과 함께 호주에 와 있어.

어제는 하루종일 바닷가에서 수영을 했어.

누구 보다 수영을 좀 한다고 생각했는데…….

여긴 전세계 수영 선수들이 다 모인 것 같아.

그래도 열심히 하면 좀더 나아지겠지?

너는 어떻게 지내고 있니? 보고 싶다!

며칠후에 한국으로 돌아가니까

그때까지 잘 지내.

꼼꼼 확인 퀴즈 정답

110~111쪽

1. X (강남콩→강낭콩)
2. X (덥썩→덥석)
3. O
4. O
5. X (애기→아기)
6. O
7. O
8. X (햇님→해님)

164~165쪽

1. 거름
2. 넘어
3. 늘이고
4. 로서
5. 베면
6. 부칩니다.
7. 어떻게
8. 말썽쟁이구나!

218쪽

1. 바늘 가는 데 실 가요.
2. 난 나대로 좋아!
3. 외계인이 슝 내려와요.
4. 진작 공부 좀 할걸 그랬어.

219쪽

보기

안녕, 친구야! 그 동안 잘 지냈어?
　　　　　　　그동안

나는 지금 가족과 함께 호주에 와 있어.

어제는 하루종일 바닷가에서 수영을 했어.
　　　　하루 종일

누구 보다 수영을 좀 한다고 생각했는데……
누구보다

여긴 전세계 수영 선수들이 다 모인 것 같아.
　　전 세계

그래도 열심히 하면 좀더 나아지겠지?
　　　　　　　　좀 더

너는 어떻게 지내고 있니? 보고 싶다!

며칠후에 한국으로 돌아가니까
며칠 후에

그때까지 잘 지내.

우리 반 1등도 틀리기 쉬운 맞춤법

2020년 3월15일 1판1쇄 발행
2023년 2월10일 1판3쇄 발행

글 FUN's 그림 심창국
펴낸이 나춘호 **펴낸곳** (주)예림당
등록 제2013-000041호 **주소** 서울시 성동구 아차산로 153
구매 문의 전화 561-9007 **팩스** 562-9007
홈페이지 www.yearim.kr

책임 개발 이은영 박승주
디자인 차지원

ⓒ 2020, 예림당
ISBN 978-89-302-7101-1 74710
    978-89-302-7100-4 (세트)

어린이제품 안전특별법에 의한 제품 표시사항

제품명 | 도서   제조자명 | (주)예림당   제조국명 | 대한민국
전화번호 | 02)566-1004   주소 | 서울시 성동구 아차산로 153
제조년월 | 발행일 참조   사용연령 | 8세 이상

*잘못 만들어진 책은 구입하신 곳에서 바꾸어 드립니다.